GALERIE DEVAMBEZ

43, Boulevard Malesherbes

* *

PREMIÈRE EXPOSITION

D'ART NÈGRE

ET

D'ART OCÉANIEN

Organisée par

M. PAUL GUILLAUME

du 10 au 31 Mai 1919

(Dimanches exceptés)

CATALOGUE

Prix : 2 fr.

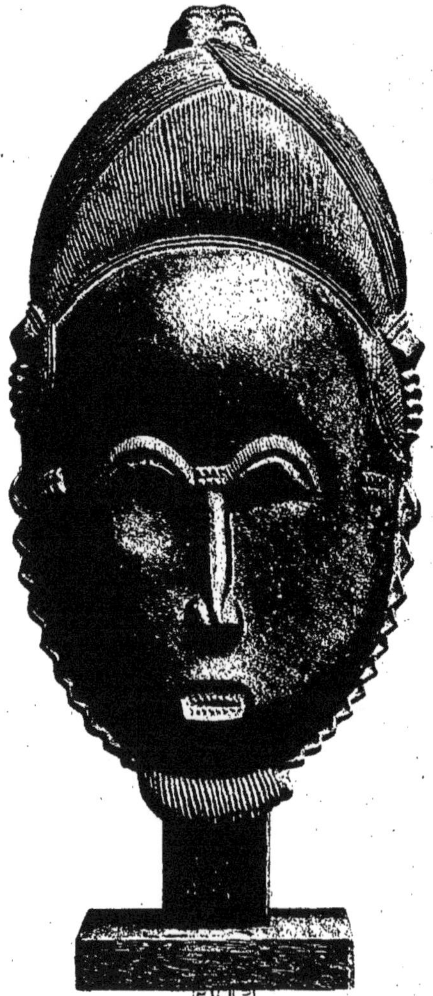

Masque Baoulé, servant à l'exécution de danses
propitiatoires auxquelles les femmes n'assistent pas.

Collection Paul Guillaume

L'ART SAUVAGE

OCÉANIE — AFRIQUE

Les figures et objets sculptés, généralement sur bois, par les peuplades sauvages de l'Océanie et de l'Afrique ont trouvé place depuis longtemps dans les musées ethnographiques parmi diverses productions coloniales. Mais le jour est encore récent où des artistes et des amateurs leur ont reconnu le caractère d'œuvres d'art. Les uns ont manifesté quelque préférence pour l'art de l'Océanie, de la Polynésie, plus hautain et dont les formes, dérivées lointainement d'Asie, évoquent un mélange du monstre et de l'homme. Chez les autres est apparue une prédilection pour l'art plein de bonhomie et plus humain de l'Afrique, où le culte ancestral a donné naissance à de petites figures, véritables dieux lares, presque des portraits de famille.

Le moment est venu — et pour la première fois — de présenter à un public moins restreint une réunion importante de ces curieux ouvrages.

Les figures relèvent du domaine religieux. L'art pour l'art est inconnu des primitifs. Leurs ouvrages ont traditionnellement une utilité rituelle et magique. L'art des peuplades sauvages est défensif, conjurateur des mauvais esprits plus encore que conciliateur des bons. Il obéit aux mêmes lois que celui des plus hautes époques ; ses principes, son caractère l'apparentent aux plus archaïques. Cependant c'est l'art primitif le plus proche de nous et presque encore vivant.

Les masques, accessoires des danses et de cérémonies cultuelles ou guerrières, ne soulèveront pas, semble-t-il, la réprobation des non-initiés. Au masque, qui a pour objet de recouvrir et déguiser les traits d'un visage, ne demande-t-on pas surtout la fantaisie, l'imprévu ? Il est remarquable que ceux-ci, à l'inverse des nôtres et des masques chinois et japonais, ne grimacent jamais, pour ainsi dire. Leur expression est déterminée par leur construction, leur architecture. Tout est plastique, lignes et plans.

Quant aux figures, principalement celles d'Afrique, de caractère plus humain, mais où la forme que l'Européen a héritée du canon grec se trouve transformée, recréée par le singulier commutateur qu'est le cerveau nègre, il faut plus qu'une bonne volonté ou un effort de quelques minutes pour admettre ces proportions et ces lignes si nouvelles pour notre mentalité. Et pourtant l'œuvre se tient ; la facture des exemplaires de bonnes époques est nette, ferme, décidée. L'originalité n'a pas été cherchée. La transformation est involontaire, œuvre collective de la tribu et de la race. C'est un dialecte nouveau, une grammaire à apprendre, en souriant, si l'on veut, mais en réservant une appréciation définitive.

Il n'est pas besoin, au contraire, d'accoutumance pour apprécier les coupes, vases et gobelets que le goût des primitifs pour garnir toutes les surfaces lisses, comme pour le tatouage de leur corps, a décorés avec une richesse et une invention que les civilisés semblent avoir perdues. Si chargés de décor qu'ils soient, les lignes en restent pures, car aucun ornement n'est adventice. Tout fait corps avec l'objet. On hésite à dénommer calebasses ces bois précieux qu'un orfèvre pourrait reproduire dignement en argent ou en vermeil et dont il tirerait de précieux effets pour le renouvellement de notre art décoratif, dont la simplicité paraît souvent obligée et voisine de la pauvreté.

Si l'attrait de ces objets usuels a mis en goût le visiteur, qu'il tente d'accommoder sa vision aux modes d'interprétation de la forme humaine usités depuis des temps anciens par les sculpteurs indigènes.

En effet, leur art peut se prévaloir d'un haut passé. La belle race des Polynésiens est supposée de souche caucasique et, après un séjour dans l'Inde, puis en Malaisie, s'être lancée aventureuse aux extrémités des archipels minuscules disséminés au milieu du plus vaste Océan du globe. " La nature leur avait préparé un jardin d'Eden, où la malédiction d'Adam, qui veut que le pain soit gagné à la sueur du front, n'était pas tombée..... et maintenant il leur faut payer les frais de cette béatitude ".

Quant aux nègres, peut-on oublier les échanges de toute nature, depuis l'antiquité la plus reculée, entre le cœur de leur continent, le Soudan, et l'empire des Pharaons, ni négliger la découverte récente d'une civilisation néolithique dans la boucle du Niger dont les inondations régulières font un frère du Nil ? Du IIIe au XIIe siècle de notre ère, puis jusqu'au XVe, deux grands empires s'y sont succédé, au cours desquels ont dû être ouvrés, dans des écoles et des ateliers florissants, les principaux types dont les générations suivantes se sont vraisemblablement inspirées. Car, si étranges qu'elles paraissent, on ne saurait concevoir, à la perfection d'exécution de certaines œuvres, qu'elles aient été réalisées spontanément avec un couteau de traite par quelque improvisateur plus ou moins doué. Et la conclusion assez inattendue est sans doute qu'il n'existe guère d'art vraiment sauvage, mais qu'on se trouve en présence d'une suite issue d'anciennes civilisations, rameaux de la souche unique dont descend aussi la nôtre.

H. C. — A. L.

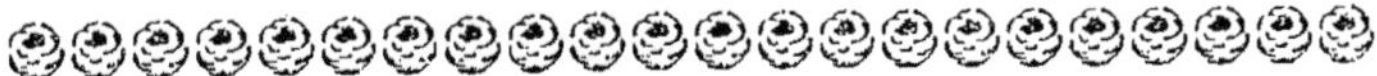

Le texte ci-dessous a paru en *avertissement* dans le " Premier Album de Sculptures Nègres " 1917. On aimera savoir comment, de son observatoire de poète, Apollinaire envisageait le problème si séduisant de l'Art Nègre.

P. G.

A PROPOS DE L'ART DES NOIRS

Depuis quelques années des artistes, des amateurs d'art, des musées ont cru pouvoir s'intéresser aux idoles de l'Afrique et de l'Océanie, au point de vue purement artistique, et en faisant abstraction du caractère surnaturel qui leur était attribué par les artistes qui les sculptèrent et les croyants qui leur rendaient hommage. Mais aucun appareil critique n'est encore à la disposition de cette nouvelle curiosité, et une collection de statues nègres ne peut être présentée de la même façon qu'une collection d'objets d'arts (peintures ou statues) exécutés en Europe, dans les pays à civilisation classique de l'Asie, en Egypte et dans les autres régions humaines de l'Afrique du Nord.

Le public est accoutumé à voir, dans les catalogues qu'il reçoit, des œuvres bien définies, classées avec précision, pouvant être attribuées souvent avec certitude à des maîtres ou à des écoles déterminés. Une présentation analogue serait impossible dans le cas dont il s'agit. Dans l'état actuel de l'anthropologie et de la science de l'art, il serait téméraire de vouloir disserter avec certitude, tant au point de vue archéologique qu'au point de vue esthétique, sur ces idoles nègres qui excitent d'autant plus la curiosité de leurs amateurs que les renseignements manquent touchant leur origine et que jusqu'à ce jour aucun nom d'artiste n'a pu être prononcé.

Impossible donc pour le moment de fixer l'époque certaine des plus beaux de ces fétiches de bois dont certains remontent à une très haute antiquité (je parle ici des idoles africaines) et attestent par le style qui les caractérise une indubitable parenté avec l'esthétique égyptienne dont ils dérivent, à moins que le contraire même étant la vérité ils n'aient exercé sur les artistes de l'Egypte une influence qui justifierait amplement l'intérêt qui s'attache aujourd'hui à ces ouvrages.

Sans aucun doute, s'il eût eu l'occasion d'étudier les fétiches de l'Afrique, Gobineau aurait penché pour la deuxième hypothèse, lui qui faisait jouer aux descendants de Cham un rôle prépondérant en ce qui, dans l'histoire des progrès humains, concerne la naissance et le développement du sentiment artistique. Mais tout Français qu'il ait été en dépit des Gobineauverein, Gobineau ne saurait être à la mode aujourd'hui dans un pays civilisé, et nous ne scruterons pas davantage cette opinion qu'au surplus personne n'a alléguée.

Tout au plus pourrait-on cataloguer les pièces de l'art nègre par régions et parfois par ateliers ; mais pour ce qui concerné l'art africain cette classification serait souvent en défaut et nous ne nous hasarderons pas non plus dans cette voie.

L'évolution de la sculpture fétichiste des noirs, d'après des probabilités qu'il est permis d'envisager, s'est effectuée selon des rites infiniment plus étendus que ceux qui ont présidé à l'évolution de l'art européen et de l'art chinois, par exemple. Nul doute que la transmission des modèles traditionnels ne puisse être considérée comme une des règles principales de cet art. Aux siècles et aux fractions de siècle de l'histoire de l'art occidental, l'Afrique et l'Océanie opposent de vastes périodes qui comprennent parfois l'effort de nombreuses générations ; mais la fantaisie qui a toujours présidée à cette imitation, fantaisie dont la source réside souvent dans l'emploi de simples grigris, matériaux disparates que l'artiste avait sous la main et qui excitaient son sens décoratif et son sentiment religieux, fait surgir la difficulté de fixer ces œuvres d'art dans le temps, et d'autant plus qu'au cours des années ces grigris, tels que pagnes en cotonnade, grandes plumes, boulettes de résine, colliers, pendeloques, clochettes en fer, lianes, poignées d'herbes, coquillages, dents de suidés, miroirs, clous, morceaux de ferraille de toute espèce, se sont usés, ont été brisés ou perdus et ont été remplacés par d'autres grigris qui modifiaient l'aspect général du fétiche, jetant sur son âge un doute qu'il n'est plus possible de dissiper.

Celui qui entreprendrait de telles recherches esthétiques ne pourrait s'appuyer sur aucun écrit, aucune inscription ancienne, et, sauf quelques précisions et surtout quelques hypothèses anthropologiques sur la destination religieuse des idoles en question, rien ne vient éclairer le mystère de leur anonymat aémère, et il faudra longtemps encore se contenter de n'éprouver vis-à-vis des idoles nègres que des sensations esthétiques et d'évocation poétique.

Aux rapports des voyageurs, aux données des géographes, aux classements des anthropologues, aux déductions des ethnographes, les critiques européens pourront-ils ajouter, un jour, une analyse méthodique des styles, l'équivalent de ce qui fut fait pour les écoles primitives de nos pays, à peu près inconnues, il y a un demi-siècle ? C'est une question qui ne suscite aucune réponse en un temps où les lois de la guerre interdisent aux savants et aux amateurs d'art de précieuses sources de renseignements, qui sont situées à Bruxelles, par exemple.

Le but de ces collections a été avant tout l'agrément et ensuite de réunir une série d'exemples typiques au point de vue esthétique.

En outre, l'éclectisme contemporain trouvait un attrait à faire figurer, à côté des antiquités, des curiosités européennes ou exotiques, les belles œuvres de l'art mystérieux des noirs.

. . . .

C'est par une grande audace du goût que l'on est venu à considérer ces idoles nègres comme de véritables œuvres d'art. La présente collection aidera à reconnaître que cette audace n'a pas dépassé son but et qu'on se trouve ici en présence de réalisations esthétiques auxquelles leur anonymat n'enlève rien de leur ardeur, de leur grandeur, de leur véritable et simple beauté.

Guillaume APOLLINAIRE.

Désignation des pièces exposées

1. Idole masculine, Guinée Française (Collection L. DELAFON).
1 *bis.* Divinité des forêts de Côte d'Ivoire (Collection Jacques DOUCET).
2. Fétiche d'initiation d'une sorcière du Baoulé (Collection Victor de GOLOUBEW).
3. Idole de la fécondité du Bobo-Dioulasso.
4. Tabou de Calédonie.
5. Tabou de Calédonie.
6. Masque Tabou kanak.
7. Masque agraire *Kénié* des Tomas.
8. Grand masque *Gouli,* du Baoulé.
9. Divinité guerrière du Kouilou.
10. Masque de danses Oulof.
11. Siège royal de l'Ouellé.
12. Masque Gouli, des Akoués.
13. Idole Kilvango, mange la pluie et l'orage.
14. Divinité kissienne (Guinée).
15. Pierre tumulaire kissienne.
16. Pierre tumulaire kissienne.
17. Petit dieu *Sibili,* du Congo.
18.   —   —   —
19.   —   —   —
20.   —   —   —
21.   —   —   —
22. Fétiche des Ancêtres, du Dahomey.
23. Casque sacré du Haut-Niger.
24. Idole de l'amitié, de Côte d'Ivoire.
25. Divinité agraire du Soudan.
26. Masque du culte *Dassiri* (Côte d'Ivoire).
27. Divinité sylvestre du Baoulé.
28. Idole d'un gnakoden de Côte d'Ivoire.
29. Idole du roi Ngolo (Vallée du Niger), époux.
30. —   —   —   — épouse.
31. Idole Congolaise, contre les rhumatismes.
32. Idole *Azandé,* pour faire maigrir.
33. Idole de la Haute-Sanga.
34. Masque pour les danses M'Bouiti, des Pahouins.
35. Divinité guinéenne de la grâce.
36. Fétiche d'arbre de la Haute-Sanga.
37. Idole féminine du Soudan.

38. Masque de danses de Côte d'Ivoire.
39. Fétiche d'association secrète (Côte d'Ivoire).
40.   —   —   —   —
41. Figurine d'initiation du Soudan.
42. Idole ancestrale du Dahomey.
43. Petite divinité du Haut-Niger
44. Idole de Tribu (Guinée).
45. Vase orné de figurine, terre-cuite, rives du Komoé.
46. Tête polychromée Kouyou-Mossaka.
47. Idole de fiançailles du Bas-Niger.
48. Statue de sorcier Gnaden
49. Figurine de Calédonie.
50. Divinité de la tendresse kissienne.
51. Idole protectrice du feu (Guinée).
52. Statuette donnant l'intelligence guerrière (C. I.).
53. Idole *Komoe*, donnant la beauté aux femmes.
54. Tête archaïque *Kouyou,* pour cérémonies "Vertiges"
55. Urne (en deux pièces) à cendres des ancêtres (C. I.).

COLLECTION PAUL GUILLAUME

56. Marteau musical pour la danse *Gouli.*
57. *Tiki* d'Océanie (os).
58. Chevet à figurine voltaïque.
59. Masque *Ayaou* des *Zémas* ou *Apolloniens.*
60. Masque musical pour la danse *Gouli* (Faafoués).
61. Tête d'ivoire des Ngans (Côte d'Ivoire).
62. Insigne rituel des Coulangos.
63. Figurine d'ivoire des Diomandés-Sokouralas.
64. Masque des Foulankos du Ouassoulo.
65. Figurine sacrée des Dan-Gourous.
66. Même que Nº 65.
67. Vase à ornementation géométrique (Côte d'Ivoire).
68.   —   —   —
69.   '   —   —   —
70. Vieille idole d'ivoire des Bourrakas (Congo).
71. Petite figurine Kirdis.
72. Idole de la Haute-Sanga.
73. Corne de Chef Mandé, décorée figurine.
74. Grand masque *Gouli,* des Akoués.
75. " Adam et Eve ", idole Diamala.
76. Fétiche cuivre et bois Bakoutas.
77. Marteau musical *Gouli.*

78. Tête formant urne, des Sénoufos.
79. Cuiller ornée figurine Diomandé.
80. Idole du Ouorodougou.
81. Idole féminine du Haut-Niger.
82. Fétiche *M'Gallé*, des Bakoutas.
83. Urne funéraire des Nafanas (Côte d'Ivoire).
84.   —   —   .   —
85.   —   —   —
86.   —   —   —
87. Cuiller en ivoire de Guinée.
88. Urne funéraire des Nafanas.
89. Animal-Fétiche des Malinkés.
90. Masque Cérémonial de Côte d'Ivoire.
91. Animal-fétiche du Ouassoulou.
92. Bracelet en ivoire du N'Goko (Congo).
93. Bracelet en ivoire Pahouin (Gabon).
94.   —   —   —
95.   —   —   —
96.   —   —   —
97. Petit tam-tam de Côte d'Ivoire.
98. Statue cynocéphale pahouinne.
99. Divinité " *Dzembé* ", de la tribu d'Alad (Pahouins).
100. Masque à quatre faces *M'Bol*, du Haut-Djaddié.
101. Statue de sorcière Bakayokos.
102. Peigne orné figurine Sénoufo.
103. Figurine ivoire des Senyas.

COLLECTION A. LEVEL

104. Masque de danses (Nouvelle-Calédonie).
105. Apouéma, masque du messager de paix et de guerre (Nouvelle-Calédonie).
106. Tiki (Iles Marquises).
107. Statuette (Ile de Pâques).
108.   —   —
109. Figurine (Iles Sandwich) (Hawaï).
110. Figurine (Nouvelle Guinée).
111. Tiki formant le support de pied d'une échasse (Iles Marquises).
112. Pendeloque en os à effigie de Tiki (Iles Marquises).
113. Pendeloque en os à effigie de Tiki double. (Iles Marquises).
114. Poignée de kriss malais, forme décorative (Iles de la Sonde).
115. Poignée de kriss malais, forme ancienne (Iles de la Sonde).
116. Kriss malais (Iles de la Sonde).
117. Couteau à bétel, décor arabesques et tête de serpent (Nouvelle-Guinée).
118. Couteau à bétel, manche figurine (Nouvelle-Guinée).

119. Pointe de sagaie à effigie stylisée.
120. Callebasse présentant le motif ornemental de la grecque.
121. Masque du Bénin.
122.   —   de cynocéphale (Côte d'Ivoire).
123.   —   de gorille (Côte d'Ivoire).
124.   —   lunaire (Côte d'Ivoire).
125.   —   cornu.
126.   —   de guerre (Côte d'Ivoire).
127.   —   teinté de blanc en poudre (Dahomey ?).
128. Figurine de jeune nègre coiffé d'un bonnet cornu et portant un chien (Cameroun).
129. Idole féminine à face sémitisée et miroir reliquaire (Congo français, Loango ?).
130. Idole féminine (Dahomey).
131.   —   —   (Gabon).
132.   —   —   (Guinée française).
133.   —   en bois revêtu de feuilles de cuivre jaune et rouge (Ogooüé).
134.   —   féminine (Soudan).
135. Figurine coiffée à tresses latérales.
136. Bâton de commandement, - sauf- conduit (Congo français).
137. Gobelet à anse (Congo français).
138. Vase sculpté à forme de tête féminine (Congo belge).
139. Support de fétiches à quatre têtes (Congo belge).
140. Petit éléphant fétiche (Congo - Cassaï).
141. Haut à double face de baguette moulurée.
142. Cuiller en bois à manche incisé.

COLLECTION GEORGES MENIER

143. Petit masque de danses (Côte d'Ivoire).
144. Tête rituelle d'Irebu (Congo).

COLLECTION LEONCE ROSENBERG

145. Masque à l'effigie d'un commodore (Archipel Bismarck).
146.   —   polychrome (Guinée).

147. Statuette agraire du Soudan. (Collection Maurice de Vlaminck.)

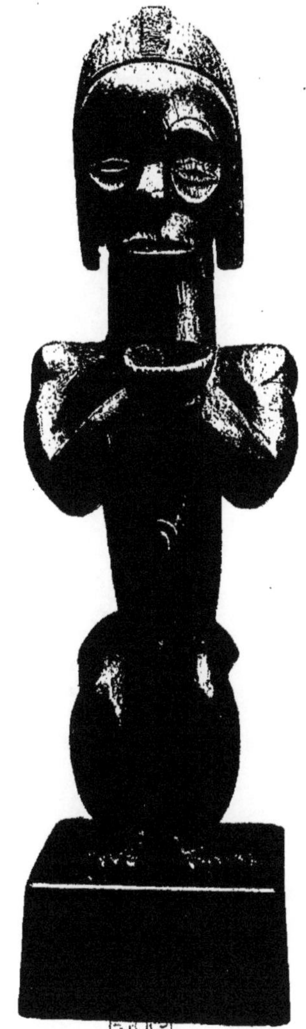

Divinité « Dzembé » de la tribu
d'Alad, de race pahouinne (Gabon).

Collection Paul Guillaume.

DEVAMBEZ, PARIS